+ 내 손으로 완성하는 역사 플랩북 +

뚝딱 뚝딱 만들기 한국사

바오·마리 글 만들기 | 허지영 그림
서울대학교 뿌리깊은 역사나무 감수

이 책의 활용 방법 … 2
구석기 시대 … 4
신석기 시대 … 6
청동기 시대 … 8
고조선 건국 … 10
고구려 건국 … 12
땅을 크게 넓힌 광개토 대왕 … 14
백제 건국 … 16
신라 건국 … 18
신라의 삼국 통일 … 20
신라 불국사 … 22
발해 건국 … 24
고려의 후삼국 통일 … 26
외적을 물리친 고려 … 28
고려 벽란도 … 30
고려 팔만대장경 … 31
문익점과 목화 … 32
조선 건국 … 34

경복궁 근정전 … 36
경복궁 광화문 … 39
왕이 사는 궁궐 … 40
백성들이 사는 마을 … 42
조선의 황금기를 연 세종 대왕 … 44
훈민정음 창제 … 47
장악원과 조선의 음악 … 48
이순신과 임진왜란 … 50
김시민과 진주 대첩 … 52
권율과 행주 대첩 … 53
허준과 동의보감 … 54
암행어사 박문수 … 55
정조와 수원 화성 … 56
풍속화가 김홍도 … 58
실학자 정약용 … 60
김정호와 대동여지도 … 61
화가 신사임당 … 62
거상 김만덕 … 63

이 책의 활용 방법

**오리고 붙이고 쓰며, 내가 직접 만드는 우리 역사 책이에요.
다 완성하면 플랩을 여닫거나 건물을 세우고, 사람들을 움직이며 놀아요.
완성한 다음에도 학교에서 배우는 내용이 있을 때마다 펼쳐 보며 활용하면 더욱 좋아요.**

1 본 책과 오리기·스티커 책이 따로 나누어져 있어요. 본 책의 활동에 필요한 것들은 책 페이지를 확인해서 오리기·스티커 책에서 자르거나 떼어 내요. 무엇을 해야 하는지 아래와 같은 활동 박스에 설명이 담겨 있어요. 설명을 따라 완성해요.

> 활동 ❸
> 구석기 사람들이 따서 먹던
> 나무 열매를 먹음직스럽게 색칠해요.

> 활동 ❷
> 상감 청자 만드는 방법을 오려 붙여요.
> ❶~❹ 순서대로 다 접으면 완성돼요.

★ 오리기와 접기

오리기 책에 있는 그림의 가장자리를 따라 오려요. 오리기 선이 그려져 있다면 그 선을 따라 오려요.
그런 다음, 접는 선을 따라 접어요. '안으로 접기'와 '바깥으로 접기'가 있으니 주의해서 접어요.
풀칠면에 풀칠을 하고 본 책의 붙임 부분에 붙여요.

———————— 오리기 선
------------------------ 안으로 접기 선
—·—·—·—·—·—·—·— 바깥으로 접기 선

풀칠과 붙임 표시

[풀칠해요]   [붙여요]

접기를 여러 번
해야 할 때도 있어요.
이럴 때는 순서를
숫자로 표시해 두었어요.
❶을 가장 먼저 접어요.

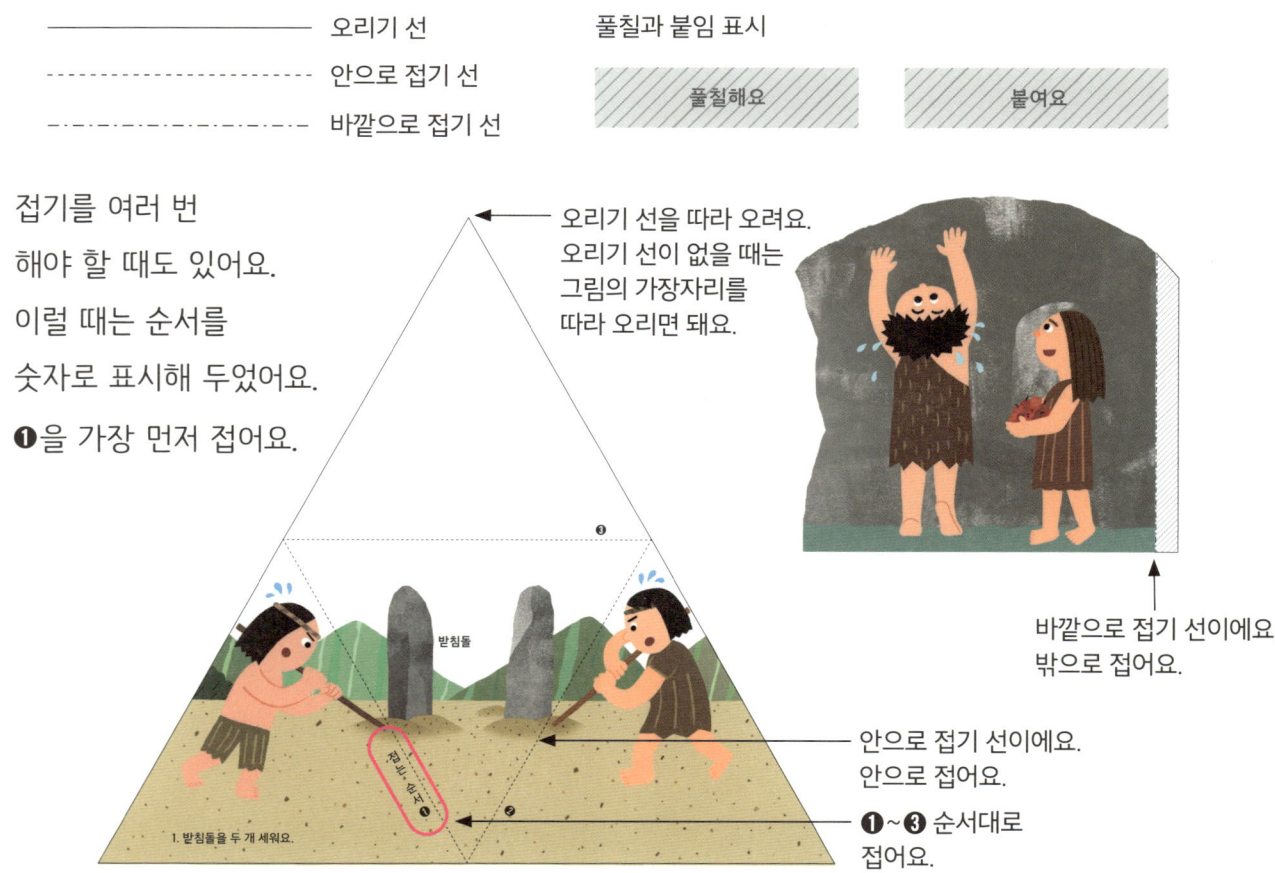

오리기 선을 따라 오려요.
오리기 선이 없을 때는
그림의 가장자리를
따라 오리면 돼요.

바깥으로 접기 선이에요.
밖으로 접어요.

안으로 접기 선이에요.
안으로 접어요.

❶~❸ 순서대로
접어요.

★ 풀칠하기

한 페이지에 풀칠해 붙이는 부분이 여러 군데가 될 때도 있어요.
이럴 때는 같은 기호에 맞춰 붙이면 돼요. 예를 들어 ★은 ★끼리,
♥는 ♥끼리 짝꿍이에요.

붙일 때 방향이 헷갈릴 수 있는 부분은 화살표 표시를 했어요.
화살표 꼭지 부분이(↑) 서로 같은 방향이 되도록 붙여요.

★ 스티커 붙이기

스티커는 떼어서 본 책에 회색으로 표시된 부분에
붙여요. 표시 부분이 따로 없는 곳은
자유롭게 붙이면 돼요.

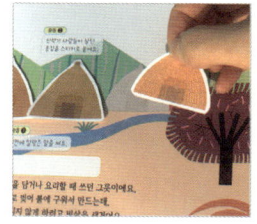 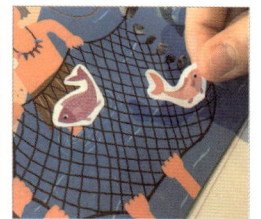

★ 책 보관하기

종이를 오려서 플랩을 만들거나 팝업 건물 등을
세운 다음에는 플랩과 팝업을 내리고
납작하게 정리해서 책을 덮어 두어요.
책을 손상시키지 않고 오래 두고 볼 수 있어요.

 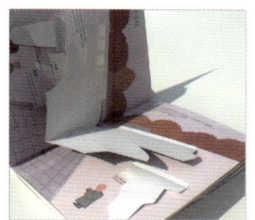

2 책 속 빈칸에는 여러분이 직접 답을 써서
채워 넣을 수 있어요. 그 페이지에 나오는 글에
거의 모든 답이 들어 있으니 잘 찾아서 써요.
정답은 본 책 64쪽에 있어요.

3 12~13쪽에서는 주사위가 필요해요.
따로 준비해 두어요.

4 만드는 방법을 잘 모르겠으면 유튜브에서
길벗스쿨 동영상을 찾아서 봐도 좋아요.

 길벗스쿨 유튜브

⚠️ **주의 — 어른들도 꼭 읽어 주세요!**

※ 가위를 쓸 때는 다치지 않게 조심해요.
※ 25쪽, 56~57쪽에서는 칼을 사용해야 해요. 어른이 꼭 도와주세요.
※ 종이에 손이 베이지 않게 조심해요.　※ 풀칠한 곳은 잘 말린 다음 가지고 놀아요.
※ 크기가 작은 스티커와 오리기가 있으니 너무 어린아이의 손에는 닿지 않게 주의해요.

구석기 시대 약 70만 년 전

우리나라 땅에 처음으로 사람이 살기 시작했어요.
이때 사람들은 자연이 만든 동굴이나 바위 아래서 살았지요.
나무 열매와 풀뿌리를 구해 먹고, 짐승을 사냥하기도 했어요.

활동 ❶~❺를 해 봐요.

사냥하기

활동 ❶
짐승을 잡을 수 있게 나무 자루에 뗀석기 스티커를 붙여 창을 완성해 주세요.

큰 돌을 깨뜨린 조각이에요.
이런 돌을 도구로 삼아 땅을 파고 나무를 다듬었어요.
사냥을 할 때도 썼지요.

활동 ❷
빈칸에 알맞은 말을 쓰고, 그것을 스티커로 자유롭게 붙여요.

신석기 시대 기원전 8000년경

날씨가 따뜻해져서 살아가기가 더욱 좋아졌어요.
신석기 사람들은 이제 움집을 지어 살고, 가축을 기를 줄도 알아요.
농사를 지어서 먹을 것도 스스로 얻게 되었지요.

활동 ❶~❻을 해 봐요.

농사 짓기

움집

활동 ❷
빈칸에 알맞은 말을 써요.

큰 돌을 깨뜨리지 않고 갈아서 만들어요.
이런 돌로 농기구도 만들었지요.

❋ 조개와 물고기
시내와 강에 조개와 물고기가 많아졌어요.
돌을 단 그물이나 동물 뼈로 만든 낚싯바늘로
낚시를 했지요.

활동 ❶
낚싯바늘에 스티커를 붙여 완성해요. 그물로 잡은
물고기와 조개들도 스티커로 자유롭게 붙여요.

청동기 시대 기원전 2000년경

농사를 짓자 사람들이 배불리 먹고도 먹을거리가 남았어요.
남는 먹을거리를 서로 더 차지하려는 욕심도 생겨났고요.
다른 사람들을 다스리는 힘센 지배자도 나타났어요.

활동 ❶~❺를 해 봐요.

활동 ❶
빈칸에 알맞은 말을 써요.

사람들을 다스리던 지배자의 무덤이에요.
수백 수천 명의 사람이 큰 돌을 가져다 만들었는데,
크기가 클수록 지배자의 힘이 세었다는 것을 보여 줘요.

활동 ❷
고인돌 만드는 방법을 오려 붙여요.
❶~❸ 순서대로 다 접으면 완성돼요.

4. 덮개돌 아래에 있는 흙을 모두 치워요.

완성!♪

↑ 화살표 방향에 맞게 붙여요

활동 ❸
빈칸에 알맞은 말을 써요.

돌로 만든 도구보다 훨씬 단단하고 날카로운 도구예요.
귀하고 만들기 어려워서 힘이 있는 지배자만이 가질 수 있었지요.

청동 검

활동 ❹
힘을 드러내려고 화려하게 몸을 꾸민 지배자를 색칠해요.

청동 방울

지배자

청동 거울

활동 ❺
청동기 장식품을 스티커로 붙여요.

고조선 건국 기원전 2333년

우리 역사를 연 최초의 나라는 고조선이에요.
고조선 건국 신화를 보면 누가 어떻게 나라를 세웠는지 알 수 있어요.

활동 ❶~❹를 해 봐요.

1. 하늘 신의 아들 환웅이 구름, 비, 바람을 다스리는 신하와 함께 태백산으로 내려왔어요.

활동 ❶
구름, 비, 바람을 색칠해요.

2. 어느 날이었어요. 호랑이와 곰이 와서 사람이 되고 싶다고 했어요.
환웅은 쑥과 마늘을 먹으며 동굴에서 100일을 버티라고 했지요.

3. 호랑이는 얼마 못 가 도망쳤지만 곰은 참고 견뎠어요.

4. 100일 후 곰은 여자로 변했어요. 웅녀는 환웅과 혼인해 아들을 낳았어요. 이 단군왕검이 나중에 고조선을 세운답니다.

활동 ❷
곰이 사람이 되려면 먹어야 하는 쑥과 마늘을 스티커로 자유롭게 붙여요.

활동 ❸
마지막 이야기를 오려 붙여요.

활동 ❹
빈칸에 알맞은 말을 써요.

고조선을 세운 사람으로, 환웅과 웅녀의 아들이에요.

우리 아들 단군이로구나!

환웅

그렇게 단군왕검은 1,500년이라는 긴 시간 동안 나라를 다스렸지요.

고구려 건국 기원전 37년경

주몽이라는 사람은 우리 땅 북쪽에 고구려를 세웠어요. 그 뒤 강해진 고구려는 주변 나라인 부여, 동예, 옥저를 모두 아우르고 더욱 성장해 나갔지요. 보드게임을 해 봐요.

보드게임

주몽이 부여에서 도망쳐서 고구려를 세우기까지 주사위 게임을 해요. 말을 올려 놓고, 주사위를 준비해요. 13쪽에 강물 플랩도 미리 붙여 두어요.

♠ 게임 방법

주사위를 던져 나온 숫자만큼 앞으로 가요. 게임 속 명령을 따르면서 먼저 도착 칸에 가는 사람이 이겨요.

1. 부여의 금와왕이 사냥을 갔다가 물의 신의 딸인 유화를 만났어요.

출발!

주몽이 활 쏘는 동작을 멋지게 따라 하면 통과!

3. 그 아이는 활을 잘 쏘아서 '주몽'이라고 불렸어요.

4칸 앞으로 가기

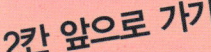
2칸 앞으로 가기

2. 금와왕은 유화를 궁궐로 데려왔는데, 유화가 얼마 뒤 알을 낳았어요. 알에서는 사내아이가 태어났지요.

꽝! 처음으로 돌아가기

응애응애~ 아기가 우는 소리를 따라 하면 통과!

땅을 크게 넓힌 광개토 대왕 5세기

고구려는 광개토 대왕부터 그 아들 장수왕 때까지 가장 크게 발전했어요.
북쪽 멀리까지 땅을 넓혔고, 나라를 더욱 강하게 만들었지요. 활동 ❶~❻을 해 봐요.

활동 ❶
빈칸에 알맞은 말을 써요.

❖ 고구려의 19대 왕으로 영토를 크게 넓혔어요.

활동 ❷
점선으로 표시된 고구려 땅을 모두 색칠하고, 힘을 뻗어 나간 방향을 화살표 위로 따라 그어요.

활동 ❸
고구려 땅을 크게 넓힌 광개토 대왕을 오려 입체로 세워요.

❷ 부분을 붙여요

광개토 대왕비
백두산
국내성 (고구려 첫 수도)
평양성
백제
가야
신라

활동 ❹
광개토 대왕의 업적을 새겨 놓은 비석을 스티커로 붙여요.

백제 건국 기원전 18년

백제를 세운 사람은 온조예요.
온조는 원래 고구려 주몽의 아들이었는데, 주몽의 다른 아들이 왕의 자리를
물려받자 한강 가까이로 내려와 새 나라를 세웠지요.

활동 ❶~❹를 해 봐요.

활동 ❶
백제는 농사가 잘되고 풍요로웠어요.
사람들은 온화하고 문화 수준도 아주 높았지요.
섬세하고 아름다운 백제 문화재를 스티커로 붙여요.

❀ 왕관 꾸미개
왕의 관에 꽂았던 섬세한 황금 장식

❀ 백제 금동 대향로
백제 문화재 중 최고로 꼽히는 향로

❀ 정림사지 5층 석탑
우아하고 세련된 백제의 대표적인 돌탑

❀ 미륵사지 석탑
우리나라에 남아 있는 가장 오래되고 가장 큰 탑

온조

활동 ❷
백제 임금의 화려한 장식들을 스티커로 붙여요.

백제 문화재 가운데 최고로 꼽히는 백제 금동 대향로예요. 절에서 향을 피울 때 썼지요.
산봉우리와 사람, 동물들이 연꽃에서 탄생하는 모습이 신비롭게 새겨져 있어요.

활동 ❸
향로 뚜껑을 오려 붙여 향이 안에서 밖으로 퍼지는 모습을 표현해요.

활동 ❹
신비로운 향로 장식을 색칠하거나 스티커로 붙여요.

붙여요

❖ 향로 뚜껑에는 연기가 빠져나가는 구멍이 뚫려 있어요.

백제 금동 대향로

봉황

사자
악사
악사
호랑이
코끼리

신라 건국 기원전 57년

신라는 천 년이나 되는 긴 시간 동안 역사를 이어 갔던 나라예요. 우리 땅 남쪽 끝에 자리 잡고 있어서 고구려나 백제보다 발전이 늦었지만 나중에는 가장 크고 강한 나라가 되었지요.

활동 ❶~❹를 해 봐요.

활동 ❸
빈칸에 알맞은 말을 써요.

❖ 신라를 세운 왕의 이름이에요.

활동 ❶
신라 왕과 왕비의 옷과 장신구를 예쁘게 색칠해요.

활동 ❷
신라 왕과 왕비가 태어나는 모습을 스티커로 붙여요.

❀ **신라를 세운 박혁거세와 왕비**
왕 박혁거세는 알에서 태어났고, 왕비 알영은 용의 겨드랑이에서 태어났다는 건국 신화가 전해져요.

신라에는 청소년들의 몸과 마음을 단련시키는 수련 단체인 화랑도가 있었어요.
여기서 훈련받은 화랑은 전쟁처럼 큰일이 생겼을 때 나라를 지키고 이끄는 인재가 되었어요.

삼국을 통일한 김유신
고구려, 백제, 신라 삼국을 하나로 통일시킬 때 활약한 신라의 유명한 장군이에요. 김유신 역시 화랑이었답니다.

세속 오계

- 충성으로 임금을 섬긴다
- 효도로 어버이를 섬긴다
- 신의로 벗을 사귄다
- 전쟁에 나가면 물러서지 않는다
- 생명을 소중하게 여긴다

활동 ④

화랑이 명심해야 할 다섯 계율 내용을 그림을 보고 먼저 상상해 봐요. 그리고 따라 써 보세요.

신라의 삼국 통일 676년

고구려, 백제, 신라 삼국은 한반도 땅에서 오랫동안 서로 힘을 겨루었어요.
신라 문무왕은 뛰어난 장군 김유신과 함께 백제와 고구려를 항복시키고
중국 당나라까지 몰아낸 다음, 삼국을 통일했지요.

활동 ❶~❹를 해 봐요.

활동 ❶
삼국을 통일한 왕의 이름을 써요.

활동 ❷
대왕암을 오려 붙여요.
용으로 변한 문무왕도 오려서 대왕암 속에 넣었다 뺐었다 하며 놀이해요.

붙여요 ★

붙여요 ♥

❀ **대왕암(문무 대왕릉)**
바다에 만든 문무왕의 무덤이에요.

❀ **문무왕**
문무왕은 죽을 때까지 '죽어서도 동해의 용이 되어 신라를 지키겠다'라고 말했어요.

신라 불국사

활동 ❶
불국사는 아름다움과 그 문화적 가치를 인정받아 유네스코 세계 문화유산으로 지정되었어요.
절과 탑을 오려 입체로 세워요.

활동 ❷
빈칸에 탑의 이름을 각각 써요.

단정한 모습을 한 3층 탑이에요.
탑은 부처님의 마음을 기리기 위해 세워 둔답니다.

활동 ❸
기도하는 스님과 사람들을
종이 인형으로 오려 세우고 놀이해요.

통일 신라의 임금은 나라를 평안히 지켜달라고 부처님께 기도했어요.
또한 실력 있는 기술자들을 모아 수도 경주에
불국사와 석가탑, 다보탑을 세웠답니다.

활동 ❶~❸을 해 봐요.

붙여요●

❀ **대웅전**
절의 중심 건물이에요. 대웅전 앞마당에는
석가탑과 다보탑이 마주 서 있지요.

붙여요♥

돌로 만들었지만 나무처럼 섬세하게
조각한 것 같은 화려한 탑이에요.

발해 건국 698년

고구려의 사람이었던 대조영은 옛 고구려 땅에 발해라는 나라를 세웠어요.
중국 당나라가 '바다 동쪽의 번성한 나라'라고 부를 정도로
발해는 북쪽에서 땅을 크게 넓히고 힘을 키워 갔답니다. 활동 ❶~❹를 해 봐요.

활동 ❶
발해를 세운 사람의 이름을 써요.

활동 ❷
점선으로 표시된 발해 땅을 모두 색칠해요.
그 위에 발해 문화재를 스티커로 붙여요.

활동 ❸
발해의 땅을 크게 넓힌 임금 무왕을
오려 입체로 세워요.

❀ **돌사자상**
발해 문왕의 딸인 정혜 공주 무덤에서 나온 사자 모양 조각이에요.

❀ **발해 이불병좌상**
두 부처님이 나란히 앉은 모습의 조각이에요.

❀ **연꽃무늬 수막새**
수막새는 지붕에 올리는 기와랍니다.
연꽃무늬는 발해 사람들이 불교를 믿었음을 나타내요.

❀ **용머리 조각상**
발해 궁궐을 장식하던 용 모양 조각이에요.

발해

신라

발해의 절에 있던 석등이에요. 불교를 나타내는 연꽃이 새겨져 있지요. 밤이 되면 크고 웅장한 이 석등에 불이 켜졌답니다.

활동 ❹
석등과 하늘을 오려 붙여 절의 낮과 밤을 표현해요. 해와 달이 되는 동그라미는 칼로 오려 내요.

❀ **발해 석등**
높이가 6미터가 넘는 큰 석등이에요. 당시 절이 얼마나 컸는지 짐작하게 해요.

고려의 후삼국 통일 936년

신라의 나라 사정이 어려워지자, 우리 땅에는 후백제와 후고구려가 세워졌어요.
한반도는 후삼국으로 다시 나누어졌지요.
하지만 왕건이 후삼국을 통일하고 고려를 세웠어요.

활동 ❶~❷를 해 봐요.

활동 ❶

고려의 첫 임금 왕건이 한 일이 무엇인지 숫자에 맞게 오려 붙여요.

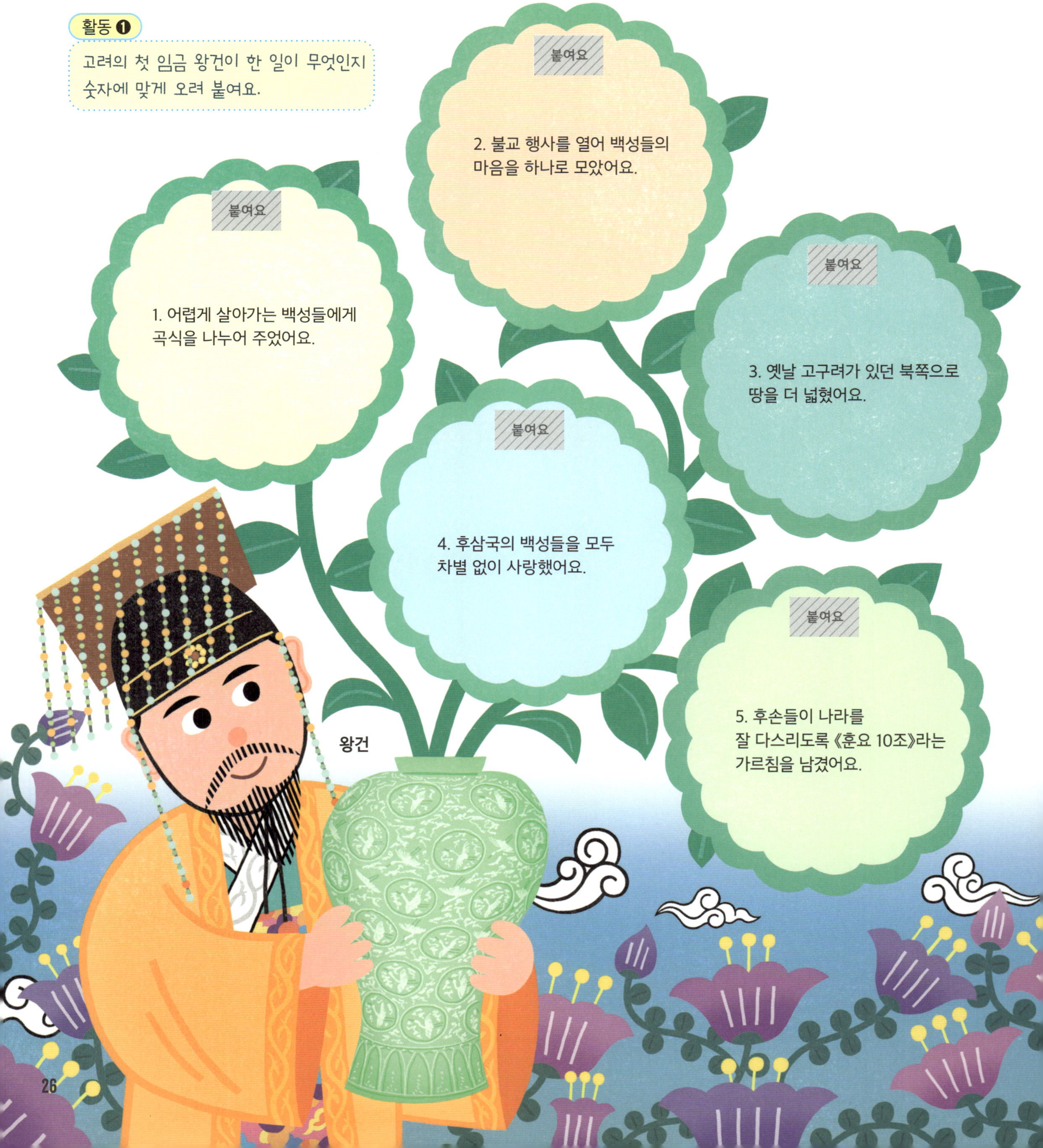

붙여요
1. 어렵게 살아가는 백성들에게 곡식을 나누어 주었어요.
붙여요
2. 불교 행사를 열어 백성들의 마음을 하나로 모았어요.
붙여요
3. 옛날 고구려가 있던 북쪽으로 땅을 더 넓혔어요.
붙여요
4. 후삼국의 백성들을 모두 차별 없이 사랑했어요.
붙여요
5. 후손들이 나라를 잘 다스리도록 《훈요 10조》라는 가르침을 남겼어요.
왕건

도자기는 원래 중국에서 들어왔지만 고려는 도자기를 더욱 독특하게 발전시켰어요.
이것이 바로 아름다운 푸른빛과 상감 기법으로 완성된 고려의 상감 청자랍니다.

활동 ❷
상감 청자 만드는 방법을 오려 붙여요.
❶~❹ 순서대로 다 접으면 완성돼요.

↑ 화살표 방향에 맞게 붙여요

❶ 흙을 반죽하고 다져요.

❷ 물레를 돌려 모양을 만들어요.

❸ 도자기를 말리고 그 위에 칼로 그림을 새겨요.

❹ 새긴 그림 위에 색이 다른 흙을 발라요. 마른 뒤 긁어내면 그림에 흙이 채워져 있어요. 이것이 상감 기법이에요.

\상감 청자 완성! ♪/

❺ 도자기를 뜨거운 불가마에서 구워요.
❻ 유약을 발라 다시 구워요.

외적을 물리친 고려

고려의 북쪽 땅에는 거란이 있었어요. 거란은 고려를 30년 동안이나 끊임없이 공격해 왔어요. 그러나 고려 장군과 군사, 백성들은 굳건히 나라를 지켜 냈답니다.

> 활동 ❶~❷를 해 봐요.

❁ 흥화진 전투(1018년)
고려의 강감찬 장군은 흥화진의 강물을 쇠가죽으로 막았다가 터뜨리면서 거란 군사가 모두 떠내려가도록 했어요.

> 활동 ❶

흥화진 전투 장면을 오려 붙이고, ❶~❹ 순서대로 접어 완성해요. 그런 다음, 그림을 당겨 펼치면 떠내려가는 거란 군사들이 표현돼요.

✿ **귀주 대첩(1019년)**
강감찬 장군은 다시 쳐들어온 거란의 10만 군사를 한 번 더 크게 물리쳤어요.

고려 만세!

활동 ❷
승리한 고려군을 종이 인형으로 오려 세워 놀이해요.

와!

고려 벽란도

고려는 외국과 무역을 아주 활발하게 했어요.
벽란도는 고려의 가장 중요한 무역 항구였지요.
우리나라를 부르는 영어 '코리아(Korea)'는 '고려'를 부르던 말이었대요.

활동 ❶~❹를 해 봐요.

활동 ❶
빈칸에 고려 무역 항구의 이름을 써요.

활동 ❷
고려가 외국에 수출하던 물건들을 스티커로 붙여요.

고려 팔만대장경

세계에서 가장 강한 나라였던 몽골이 침략해서 고려가 위기에 빠졌어요.
고려 백성들은 나라를 지키려는 간절한 마음을 담아 팔만대장경을 만들었어요.

활동 ❸
빈칸에 알맞은 말을 써요.

❖ 우리나라의 국보이자 세계문화유산이에요.
팔만 장이나 되는 나무 판에 부처님의 말씀을 새겼어요.

↑ 화살표 방향에 맞게 붙여요

활동 ❹
나무 판에 글을 새기고 먹물을 묻혀 종이에 찍어 내면 대장경이 완성돼요. 그렇게 인쇄된 종이를 오려 붙여요.

✻ 글자를 종이에 바르게 인쇄하려면 나무 판에 글자를 거꾸로 새겨야 해요.

문익점과 목화

고려 시대 문익점은 중국 원나라에 갔다가 목화씨를 가지고 왔어요.
이때 고려에는 따뜻한 옷이 없어서 겨울이 되면 백성들이 무척 춥게 지냈지요.
문익점은 목화를 키우고, 솜을 얻어서 백성들이 따뜻한 옷을 입도록 해 주었어요.

활동 ❶~❹를 해 봐요.

활동 ❶ 목화로 옷을 만들 때 필요한 기구를 스티커로 붙여요.

활동 ❷ 고려에 목화를 전한 이 사람의 이름을 써요.

❶ 목화씨를 심고 길러 목화솜을 얻어요.

❷ 씨아

목화솜을 씨아에 넣고 돌려 씨를 빼고 솜만 남겨요.

활동 ❸ 문익점이 가져온 목화를 스티커로 붙여요.

활동 ❹

겨울에도 얇은 옷을 입고 지내다가 목화가 전래된 다음, 따뜻한 옷을 입게 된 고려 사람을 오려 붙여요.

❹ 베틀

실을 베틀로 짜서 옷감을 완성해요.

물레

❸

솜은 돌돌 말았다가 물레를 이용해 실로 뽑아내요.

겨울에는 추워요!

붙여요

식물에서 얻은 실로 짠 얇은 옷

조선 건국 1392년

고려를 이어 새 나라 조선이 들어섰어요.
고려의 장군이었던 이성계는 더 나은 나라 조선을 만들겠다는 희망을 품었어요.
수도를 한양으로 정하고, 궁궐 경복궁도 새로 지었답니다.

활동 ❶~❹를 해 봐요.

활동 ❶
조선 시대 거리 풍경이에요.
다양한 사람들을 스티커로 붙여요.

활동 ❷
조선 시대 수도의 이름을 써 보세요.

활동 ❸
빈칸에 이 동물의 이름을 써요.

❀ 상민
농사를 짓거나 장사를 하는 보통 백성이에요.

❀ **양반**
나라를 다스리는 관리가 될 수 있는 신분이 높은 사람이에요.

❀ **중인**
의관(의사)이나 역관(통역사) 같이 전문 직업을 가진 사람이 속했어요.

활동 ❹
이 페이지를 점선을 따라 뒤로 접어요.
뒷장과 연결해서 열리는 문이 완성돼요.

경복궁 근정전

근정전은 경복궁의 중심이면서 조선 왕실 전체를 상징하는 건물이에요. 이곳에서는 나라의 중요한 행사와 의식을 치르고, 다른 나라의 신하를 맞이하기도 했어요.

활동 ❶~❷를 해 봐요.

🌼 정도전
조선의 기틀을 마련한 뛰어난 신하예요. 근정전의 이름도 직접 지었어요. '근정전'은 부지런하게 나랏일을 돌본다는 뜻이에요.

◀ 양쪽 점선 부분을 안으로 접어요.

* 양쪽으로 접은 문을 짝 펼치면 왕의 공간이 나와요.

활동 ❶

빈칸에 이 문의 이름을 써요.

활동 ❸

이 페이지를 점선을 따라 앞으로 접어요. 앞장과 연결해서 열리는 문이 완성돼요.

경복궁 광화문

광화문은 경복궁의 정문이에요. 화려하고 웅장한 모습이지요.
가운데 문으로는 왕만이 다닐 수 있었어요. 오른쪽과 왼쪽 문으로는
왕의 가족들이나 신하들이 드나들었답니다.

활동 ❶~❸을 해 봐요.

활동 ❷
조선 시대 거리 풍경이에요.
다양한 사람들을 스티커로 붙여요.

해치
을 지킨다는 의미로
문 왼쪽과 오른쪽에
의 동물 해치를
해 두었어요.

🏵 **천민**
신분이 가장 낮은 사람이에요.
주인을 위해 일하는 노비가
여기에 속했어요.

왕이 사는 궁궐

궁궐은 왕이 사는 곳을 말해요. 경복궁은 조선을 대표하는 궁궐이지요.
왕의 가족과 나라를 위해 일하는 신하들이 여기서 함께 지냈어요.
경복궁의 건물들은 왕이 일하는 곳, 왕비가 지내는 곳,
나라의 잔치를 하는 곳, 신하들이 일하는 곳으로 다양하게 나누어졌어요.

활동 ❶~❷를 해 봐요.

활동 ❶
경복궁 건물을 오려 알맞은 곳에 붙여요.

활동 ❷
궁궐 안 사람들을 스티커로 붙여요.

❋ 내의원
왕과 궁궐 사람들의 병을 치료하고 약을 짓는 곳

나라의 중요한 의식을 치르는 대표 건물

왕

근정문
영제교
금천
흥례문
광화문

백성들이 사는 마을

궁궐 밖에는 백성들이 사는 마을이 있었어요.
조선의 수도 한양의 집들과 장터, 사람들의 옷차림, 생활 모습을 구경해 봐요.

활동 ❶~❷를 해 봐요.

활동 ❶
마을 건물을 오려 알맞은 곳에 붙여요.

활동 ❷
마을 사람들을 스티커로 붙여요.

상민의 초가집

논과 밭

✿방앗간
방아로 곡식을 찧는 곳

붙여요★

쇠를 녹여 여러 가지
연장을 만드는 곳

장터

✿나루터
사람과 물건을 옮기는
나룻배가 오가는 곳

조선의 황금기를 연 세종 대왕

세종은 우리 역사상 가장 존경받는 임금 가운데 한 명이에요.
무엇보다 백성들을 사랑해서 현명한 정치를 펼쳤어요.
또한 학문과 제도, 과학 기술과 문화를 눈부시게 발전시키고
조선의 황금기를 열었답니다.

활동 ❶~❷를 해 봐요.

활동 ❶
세종 대왕이 백성들을 위해 한 일을 그림 내용에 맞춰 따라 써 보세요.

왜구를 물리치다

농사법이 담긴 농사직설을 펴내다

바르게 살 수 있게 도덕책을 만들다

세종 대왕은 어려서부터 책 읽기를 무척 좋아했대요.
우리나라 역사 속에서 공부를 가장 많이 한 왕으로 꼽히지요.

활동 ❶

아래 세종 대왕의 일화로 전해지는
이야기를 보고 스티커를 붙여요.
빈칸에는 알맞은 말이나 숫자를 써요.

책은 정말 재미있어!

세종은 어릴 때부터 ☐ 읽기를 얼마나 좋아했는지
유학에 관련된 책을 **100번**이나 읽었대요.
잠도 자지 않고 책을 읽을 때도 많았어요.

안 돼요!

책에만 빠져 있던 세종이 어느 날은 병이 났어요.
그러자 아버지인 태종 임금은 걱정하며
세종의 방에 있는 책을 모두 치웠어요.

와~ 책이다!

세종은 책을 읽지 못해서 몹시 심심했대요.
그러다 병풍 뒤에 떨어진 책 한 권을 발견하고는 신이 나서
☐ 번이나 읽었다는 이야기가 전해 오지요.

훈민정음 창제 1443년

세종 대왕은 우리글인 훈민정음을 만들었어요.
'훈민정음'은 '백성들을 가르치는 바른 소리'라는 뜻이지요.
글을 몰라 불편해하던 백성들이 빠르고
쉽게 익힐 수 있는 글자였어요.

활동 ❶~❸을 해 봐요.

활동 ❷
세종이 훈민정음을 만든 이유를
스티커로 붙여요.

활동 ❸
훈민정음 설명이 있는 부분을 오려 붙여요.
한글 28자를 담은 두루마리는 오려서
그 속에 넣었다 뺐었다 하며 놀이해요.

붙여요★

붙여요♥

세종 대왕

* 왼쪽 선에 맞추어
두루마리를 끼워요.

장악원과 조선의 음악

장악원은 조선 궁궐의 음악과 무용을 맡던 관청이에요. 궁궐에서 잔치를 벌일 때나 돌아가신 임금을 기리는 제사를 지낼 때 여러 악기로 멋진 음악을 연주했어요.

활동 ❶~❷를 해 봐요.

활동 ❶
장악원 악사들이 연주하는 전통 악기를 스티커로 붙여요.

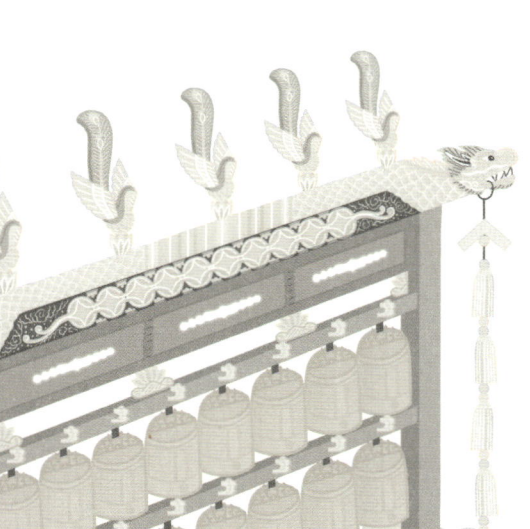

❀ 어
호랑이 모양으로 생겼어요.
등에 달린 톱니를 긁어서 소리 내요.

❀ 편종
맑은 소리가 나는 종이 16개 달려 있는 악기예요. 작은 망치로 쳐서 소리 내요.

❀ 태평소
나무 관에 깔때기 같은 것을 붙여 불어요.
'날라리'라고도 해요.

❀ 나각
커다란 소라 껍데기의 뾰족한 부분을 갈아서 만든 악기예요.

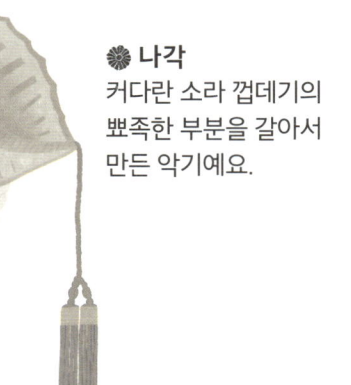

붙여요 ★

활동 ❷
연주를 감상하는 왕을 종이로 오려 붙여요.

❀ 운라
구리로 된 둥근 접시를 두드려 소리 내는 악기예요.

❀ 진고
제사를 지낼 때 치는 큰 북이에요.

❀ 해금
활로 두 줄을 문질러 소리 내는 악기예요.

❀ 박
박달나무 조각을 엮어 만든 악기로, '딱' 소리를 내어 음악의 시작과 끝을 알렸어요.

붙여요 ♥

이순신과 임진왜란 1592년

평화를 누리던 조선에 큰일이 닥치고 말았어요.
바다 건너에서 왜군이 쳐들어온 거예요.
그러나 조선에는 뛰어난 장군과 용감한 백성들이 있어서
힘을 모아 나라를 지킬 수 있었답니다.

활동 ❶~❹를 해 봐요.

활동 ❶
한산도 대첩의 장면을 오려 책의 양쪽으로 붙여요. 가장 큰 거북선을 오려 세워 바다를 누벼 보세요.

맨 앞에서 적의 배를 들이받으며 싸운 거북 모양의 우리 배

이순신 장군은 거북선을 이끌고 남쪽 바다에서 싸웠어요.
한산도 대첩에서는 학이 날개를 펼친 모양으로
왜군을 둘러싸고는 큰 승리를 거두었지요.

김시민과 진주 대첩 1592년

임진왜란 때 왜군과 싸우고 나라를 지킨 훌륭한 장군이 더 있어요. 경상도 진주성에서는 김시민 장군과 군사들이 멋지게 승리했어요. 수천 명의 군사로 수만 명이 넘는 왜군을 물리쳤지요.

활동 ❶~❸을 해 봐요.

활동 ❶
빈칸에 두 전투에서 활약한 장군들의 이름을 써요.

활동 ❷
두 장군들이 물리친 왜군들을 스티커로 자유롭게 붙여요.

❖ 이순신 장군의 '한산도 대첩', 권율 장군의 '행주 대첩', 김시민 장군의 '진주 대첩'은 임진왜란의 3대첩이라고 불러요.

권율과 행주 대첩 1593년

행주산성에서는 권율 장군이 활약했어요.
이때도 우리 군사보다 5배가 더 많은 왜군을 지혜롭게 물리쳤지요.
여인들도 행주치마에 돌을 실어 왔다는 이야기가 전해 와요.
백성들도 온 힘을 다해 왜군의 공격을 막아 낸 거예요.

허준과 동의보감

왜군과의 오랜 전쟁으로 백성들은 지치고 병들었어요. 선조 임금은 아픈 백성들을 위해 허준에게 의학을 연구하고 책으로 남기도록 했지요.

활동 ❶~❹를 해 봐요.

활동 ❶
허준이 아픈 백성들을 돌보고 약을 만드는 모습을 스티커로 붙여요.

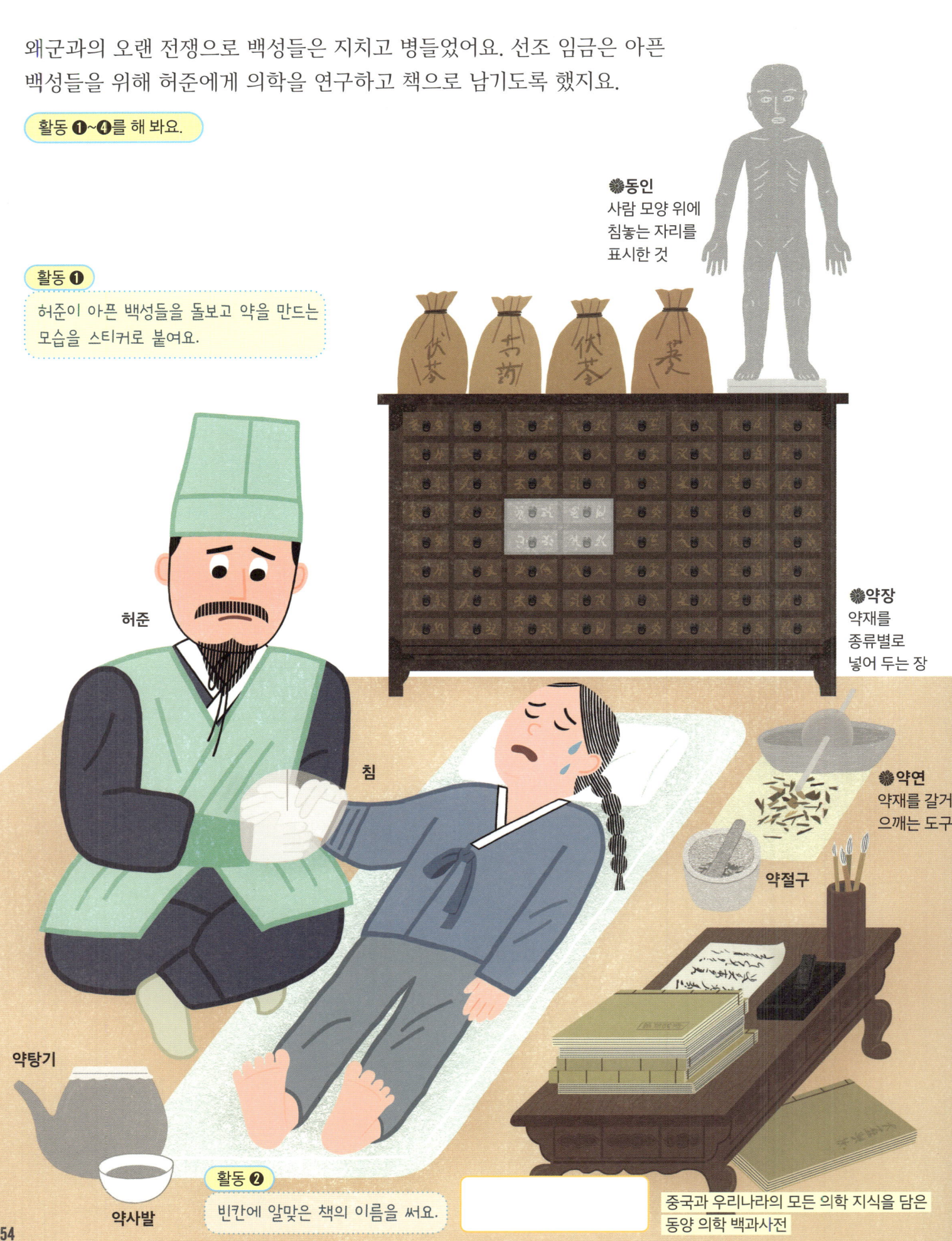

동인 사람 모양 위에 침놓는 자리를 표시한 것

약장 약재를 종류별로 넣어 두는 장

약연 약재를 갈거나 으깨는 도구

허준 / 침 / 약절구 / 약탕기 / 약사발

활동 ❷
빈칸에 알맞은 책의 이름을 써요.

중국과 우리나라의 모든 의학 지식을 담은 동양 의학 백과사전

암행어사 박문수

박문수는 영조 임금 때 암행어사예요.
암행어사는 임금의 명령을 받아 지방 고을로 몰래 가서
나쁜 관리는 찾아 벌주고 어려운 백성을 돕는 임무를 맡았지요.

정조와 수원 화성

정조 임금은 학문을 사랑하는 총명한 왕이었어요.
그는 조선을 다시 한번 크게 발전시키고자 했지요.
계획도시인 수원에 지은 화성은 정조 임금의 그러한 꿈이 담겨 있는 곳이랍니다.

> 활동 ❶~❷를 해 봐요.

❀ **서장대**
화성의 가장 높은 곳에 있어서 성 안팎이 잘 보여요.
전쟁이 나면 장수가 이곳에서 지휘를 하지요.

> **활동 ❶**
> 유네스코 세계 문화유산으로
> 지정되어 있는 화성을 오려 입체로 세워요.

❀ **의궤**
왕실의 행사를 글과 그림으로 정리한 책이에요.
아래 그림은 정조 임금이 자신의 아버지인
사도 세자의 무덤이 있는 수원으로 가는 모습이에요.

❁ **봉돈**
연락을 급히 보낼 때 쓰는 굴뚝이에요.
낮에는 연기, 밤에는 불을 피워 신호를 보냈어요.

❁ **옹성**
성문을 보호하기 위해 바깥으로 한 번 더 세운 성이에요.
둥그런 모양으로 되어 있지요.

활동 ❷
빈칸에 의궤의 각 부분을 스티커로 붙여요.

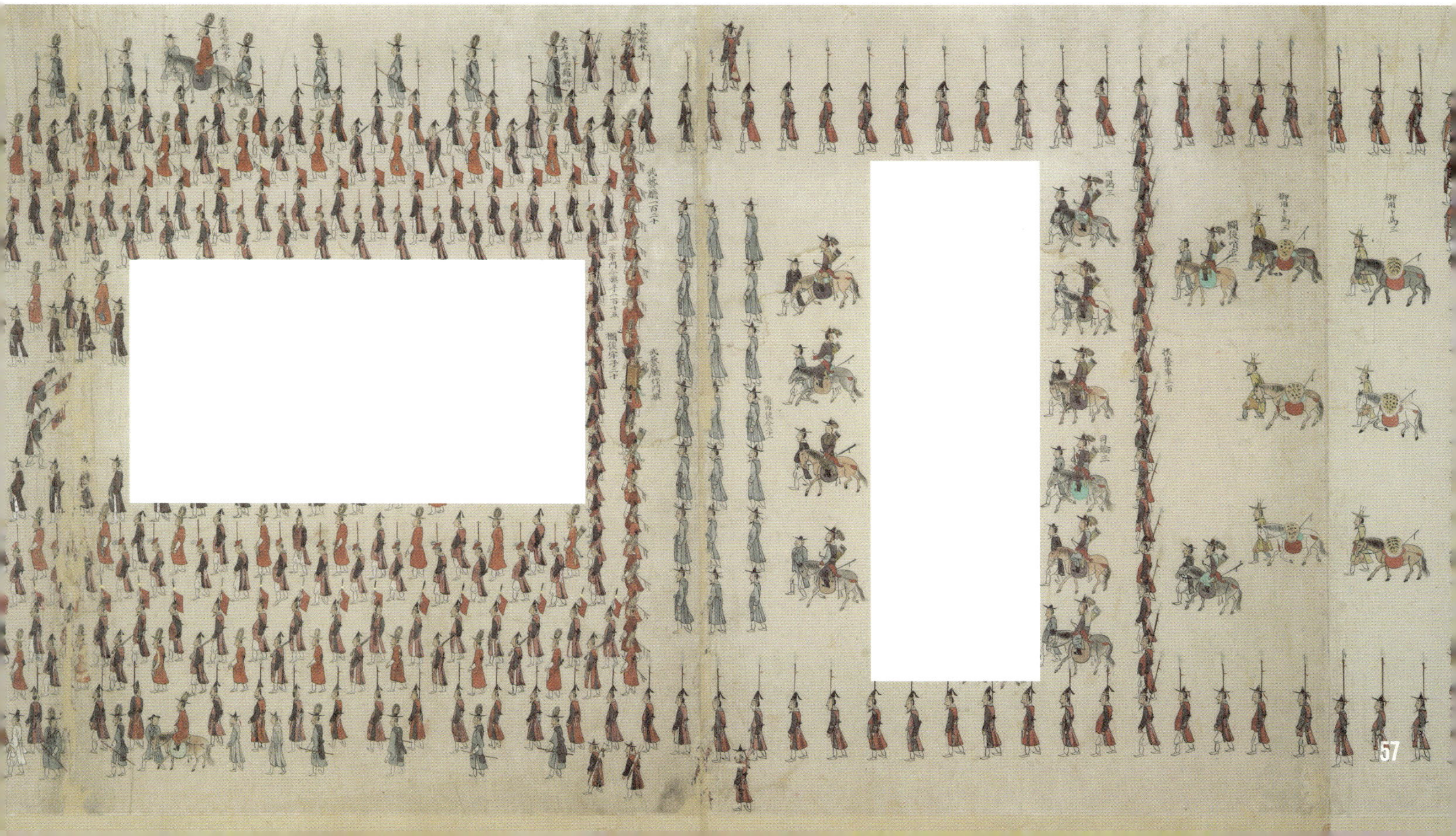

풍속화가 김홍도

김홍도는 조선을 대표하는 화가예요. 궁궐에서 일하면서 임금의 초상화를 그렸다고 해요. 뿐만 아니라 백성들의 솔직한 모습을 재치 있게 그린 풍속화로도 유명하지요.

활동 ❶~❷를 해 봐요.

활동 ❶

김홍도의 유명한 풍속화의 주인공을 스티커로 붙이고, 빈칸에는 그림의 제목을 써요.

(춤추는 소년)

김홍도

활동 ❷

여러분이 도화서의 화가가 되었다고
생각하고 영조 임금의 초상화를 색칠해요.

🏵 **도화서**
조선 시대 그림을 담당하던 관청이에요.
이곳에서는 나라의 행사 풍경이나 왕의 얼굴 등을
그렸어요.

실학자 정약용

조선 후기에는 실용적인 학풍인 실학이 나타났어요.
서서히 나라 밖 서양 학문과 과학 기술에도 관심을 가지게 되었지요.
정약용은 이 학문들을 바탕으로 전에 없던 새로운 기술들을 선보였답니다.

활동 ❶~❷를 해 봐요.

활동 ❶
정약용이 발명한 것들을 스티커로 붙여요.

활동 ❷
빈칸에 발명품의 이름을 써요.

도르래의 원리를 써서 무거운 물건을 쉽게 들도록 한 기계

배 80척을 서로 연결하고, 그 위에 판자를 놓아 만든 임시 다리

수원 화성을 지을 때 더 많은 물건을 쉽고 빠르게 옮길 수 있도록 만든 수레

정약용은 나라의 제도와 백성들을 다스리는 방법 등을 담은 책도 많이 썼어요.

김정호와 대동여지도

김정호는 조선의 지도 제작 기술을 한데 모아 한반도 전체를 담은 지도를 완성했어요. 바로 대동여지도예요. 이전의 지도에 비해 땅의 위치와 정보가 정확해서 나라에서 지방을 잘 돌볼 수 있게 되었고 전국을 누비던 상인들에게도 큰 도움을 주었어요.

활동 ❶~❷를 해 봐요.

22권을 모두 펼쳐 이으면 전국 지도가 되지!

김정호

활동 ❶

빈칸에 알맞은 말을 써요.

접어서 책처럼 보관했어요. 전국이 22권으로 나누어져 있어 필요한 지역만 펼쳐 볼 수 있었지요.

↑ 화살표 방향에 맞게 붙여요

활동 ❷

대동여지도를 오려 붙여요. 플랩을 위로 올리면 전국 지도가 완성돼요. 지도 위에는 우리 집을 스티커로 표시해요.

화가 신사임당

신사임당은 시와 그림에 뛰어났던 조선의 화가로 널리 알려져 있어요.
과일, 꽃, 곤충 등 주변의 작은 생명들을 아름답게 표현한 작품으로 유명하지요.

> 활동 ❶~❷를 해 봐요.

> **활동 ❶**
> 오리기에 있는 병풍의 빈칸에 신사임당 그림 스티커를 붙여요.

신사임당

> **활동 ❷**
> 신사임당과 병풍을 각각 오려 붙여 세워요.

거상 김만덕

김만덕은 제주에서 크게 장사를 하던 사람이에요.
제주에 큰 흉년이 들고 태풍까지 찾아와 백성들이 굶어 죽게 되자
김만덕은 백성들을 위해 그동안 모은 전 재산을 기부했답니다.

활동 ❶을 해 봐요.

활동 ❶
김만덕이 백성들에게 나누어 준 곡식을 오려 붙여요.

* 화살표 방향에 맞게 붙여요.

본 책의 56~57쪽 정조의 화성행차, 58쪽 단원 풍속도첩 무동·씨름·서당, 61쪽 대동여지전도, 오리기·스티커 책의 35쪽 신사임당 초충도는 국립중앙박물관에서 개방한 저작물을 사용하였습니다. 해당 저작물은 국립중앙박물관 www.museum.go.kr에서 무료로 다운받으실 수 있습니다.

빈칸에 들어가는 정답

4쪽 뗀석기 5쪽 불 6쪽 간석기 7쪽 빗살무늬 토기 8쪽 고인돌 9쪽 청동기 11쪽 단군왕검
14쪽 광개토 대왕 18쪽 박혁거세 20쪽 문무왕 21쪽 청해진 22쪽 석가탑 23쪽 다보탑
24쪽 대조영 30쪽 벽란도 31쪽 팔만대장경 32쪽 문익점 34쪽 (위)한양 (아래)해치(해태)
38쪽 광화문 45쪽 훈민정음 46쪽 (위)책 (아래)1,000 50쪽 거북선 51쪽 이순신 52쪽 김시민
53쪽 권율 54쪽 동의보감 58쪽 (왼쪽)무동 (오른쪽 위)씨름 (오른쪽 아래)서당 60쪽 (위)거중기
(왼쪽)배다리 (오른쪽)유형거 61쪽 대동여지도

뚝딱뚝딱 만들기 한국사

초판 1쇄 발행 2019년 4월 8일
초판 11쇄 발행 2022년 7월 28일
개정판 1쇄 발행 2023년 7월 1일
개정판 2쇄 발행 2024년 2월 1일

지은이   바오·마리
그린이   허지영
발행인   이종원
발행처   길벗스쿨
출판사 등록일 2006년 6월 16일
주소 서울시 마포구 월드컵로 10길 56(서교동)
대표전화 02)332-0931 | **팩스** 02)323-0586
홈페이지 school.gilbut.co.kr | **이메일** gilbut@gilbut.co.kr

기획 및 책임편집 최문영 | **편집관리** 배지하 | **제작** 이준호, 손일순, 이진혁
영업유통 진창섭 | **마케팅** 지하영 | **영업관리** 정경화 | **독자지원** 윤정아

디자인 Studio Marzan 김성미 | **CTP 출력 및 인쇄** 상지사 | **제본** 상지사제본

ⓒ 바오·마리, 허지영 2019

* 잘못 만든 책은 구입한 서점에서 바꿔 드립니다.
* 이 책은 저작권법에 따라 보호받는 저작물이므로 무단전재와 무단복제를 금합니다. 이 책의 전부 또는 일부를 이용하려면 반드시 사전에 저작권자와 길벗스쿨의 서면 동의를 받아야 합니다.

ISBN 979-11-6406-548-6(73910)
(길벗스쿨 도서번호 200405)

독자의 1초를 아껴주는 정성 길벗출판사
길벗 IT실용서, IT/일반 수험서, IT전문서, 경제실용서, 취미실용서, 자녀교육서
더퀘스트 인문교양서, 비즈니스서
길벗이지톡 어학단행본, 어학수험서
길벗스쿨 국어학습서, 수학학습서, 어학학습서, 어린이교양서, 교과서